ARMIDE,
DRAME-HÉROÏQUE
EN CINQ ACTES,
DONNÉ
POUR LA PREMIÈRE FOIS
PAR L'ACADÉMIE ROYALE
DE MUSIQUE,
En 1686, 1746, 1761, 1764;
Et remis au Théâtre, le Mardi 23 Septembre 1777.

PRIX XXX SOLS.

AUX DÉPENS DE L'ACADÉMIE.
A PARIS. Chés P. DE LORMEL, Imprimeur de ladite Académie, rue du Foin, à l'Image Sainte Genevieve.
On trouvera des Exemplaires du Poëme à la Salle de l'Opéra.

M. DCC. LXXVII.
AVEC APPROBATION ET PRIVILEGE DU ROI.

Le Poëme eſt de QUINAULT.

La Muſique eſt de M. le Chevalier GLUCK.

ACTEURS ET ACTRICES
CHANTANTS DANS LES CHŒURS.

CÔTÉ DU ROI.		CÔTÉ DE LA REINE.	
Mesdemoiselles.	*Messieurs.*	*Mesdemoiselles.*	*Messieurs.*
Veron.	Cailteau.	d'Agée.	Candeille.
d'Hautrive.	Héri.	des Rosières.	Tourcati.
Dubuisson.	Lagier.	Chenais.	Capoi.
Dussée.	Martin.	Constance.	Larlat.
Garrus.	le Grand.	Laurence.	Poussez.
Rouxelin.	Vattelin.	Perinot.	Lhôte.
Sanctus.	Lanctin.	Lamboley.	Méon.
Prévot.	Boi.	Isidore.	Cleret.
St. Aubin.	Jouve.	Gavaudan, c.	Parent.
Gervillier.	Huet.		Jalaguier.
Victoire.	Moulin.		Bayon.
	Itasse.		de Lori.
	Tacusset.		Fagnan.
	Bouvard.		Joinville.

ACTEURS CHANTANTS.

ARMIDE, *Magicienne, Niece d'HIDRAOT,*	Mlle. Levasseur.
PHÉNICE, } *Confidentes d'ARMIDE,*	Mlle. Lebourgeois.
SIDONIE, }	Mlle Châteauneuf.
HIDRAOT, *Magicien, Roi de Damas,*	M. Gélin.
PEUPLES du Royaume de Damas.	
ARONTE, *Conducteur des Chevaliers qu'ARMIDE a fait mettre aux fers,*	M. Durand.
RENAUD, *le plus renommé des Chevaliers du Camp de Godefroi,*	M. Le Gros.
ARTÉMIDORE, *l'un des Chevaliers captifs d'ARMIDE, délivrés par RENAUD,*	M. Tirot.
UN DÉMON, *transformé en Naïade,*	Mlle. Gavaudan, l.
DEMONS *transformés en Nimphes, en Bergers, & en Bergeres.*	
DEMONS *volants, transformés en Zéphirs.*	
LA HAINE,	Mlle. Durancy.
Suite de LA HAINE.	

UBALDE, *Chevalier, qui va chercher* RENAUD.	M. l'Arrivée.
LE CHEVALIER DANOIS, *qui va, avec Ubalde, chercher* RENAUD,	M. Lainé.
UN DEMON *transformé sous la figure de* MELISSE,	Mlle. de S. Huberti.
UN DEMON, *transformé sous la figure de* LUCINDE,	Mlle. Gavaudan, l.
DEMONS *transformés en Habitants de l'île où* ARMIDE *retient* RENAUD *enchanté.*	
UN PLAISIR,	Mlle. de S. Huberti.
DEMONS, *sous la figure d'Amants fortunés, & d'Amantes heureuses, qui accompagnent* RENAUD *dans le Palais enchanté.*	
DEMONS *volants, qui détruisent le Palais enchanté.*	

PERSONNAGES DANSANTS.

ACTE PREMIER.

PEUPLES DE DAMAS.

Mlle. ASSELIN.

Mr. FAVRE.

Mlle. VICTOIRE.

Mrs. LE BRETON, SIMONET.

Mlles. BIGOTINI, AUGUSTE.

Mrs. Duchêne, Hennequin, l., Rivet, Dangui, Leroi, 2. Fladix, Dupré, Blache.

Mlles. Belletour, le Houx, le Blanc, Courtois, c., Vilette, Courtois, l., Baudouin, Neuville.

ACTE SECOND.

DÉMONS TRANSFORMÉS.

NIMPHES & PLAISIRS.

Mr. DESPRÉAUX. Mlle. CÉCILE.

Mr. VESTRIS, f. Mlle. ASSELIN.

Mrs. OLIVIER, LE DOUX.

Mlles MULAIRE. VICTOIRE.

Mrs. Doſſion, Caſter, Giguet, Guillet, Blache, Clergé, Hennequin, c., Ducel, Largiere, Delahaye, Deſbordes, Fladix.

Mlles. Eſter, Duval, Violette, Carré, Darci, Courtois, l., Elize, Baudri, c., Thieri, Puiſſieux, Neuville, Vilette.

ENFANS EN ZÉPHIRS.

Mrs. Blondin, Pouchon Beghaim, Francisque.
Mlles. Fontenet, Reine, Spinagonte, Chouchou.

AMOUR.

Mr. Coulon.

ACTE TROISIEME.

Mlle. Allard.

DÉMONS & FURIES.

Mrs. Malter, Laurent.
Mlles. Hidoux, Vernier.
Mrs. Favre, Marcadet.
Mrs. Petit, Simonet.

Mrs. Henri, Rivet, Dangui, le Bel, Desbordes, Balderoni, le Roi, 1. Duchaisne, Pladix, le Roi, 2. Dupré, Blondin, Guenette, Aubri.

ACTE QUATRIEME.

BERGERS & BERGERES.

Mr. Vestris, Mlle. Guimard.
Mlles. Olivier, Ledoux.
Mlles. Mulaire, Victoire.

Mrs. Dossion, Caster, Guillet, Blache, Giguet, Clergé, Hennequin, c., Dussel, Largiere, Delahaye, Desbordes, Pladix.

Mlles. Esther, Duval, Violette, Carré, Darci, Courtois, l., Elize, Baudri, c., Thyeri, Puisieux, Neuville., Vilette.

ACTE CINQUIEME.

AMANTS FORTUNÉS & AMANTES HEUREUSES.

Mr. VESTRIS, f. { Mlle. ASSELIN. Mlle. CÉCILE.

Mlles. ALLARD, PESLIN.

Mr. GARDEL, l. Mlle. HEYNEL.

Mrs. le Doux, le Breton, Olivier, Barré.

Mlles. Bigotini, Mulaire, Victoire, Esther.

Mrs. Hennequin, l., Dossion, Caster, Giguet, Clergé, Blache, Delahaye, Blanche.

Mlles. Thevenet, Martin, Henriette, Auguste, Auberte, Belletour, le Houx, Violette, Carré, Vilette, Courtois, c., Darci, Courtois, l. Thieri, Puisieux, le Blanc.

ARMIDE,

ARMIDE,
DRAME-HÉROÏQUE.

ACTE PREMIER.

Le théâtre repréſente une Place publique de la ville de DAMAS*, ornée d'un Arc de triomphe.*

SCÊNE PREMIERE.

ARMIDE, PHÉNICE, SIDONIE.

PHÉNICE.

DANS un jour de trïomphe, au milieu des plaiſirs,
Qui peut vous inſpirer une ſombre triſteſſe ?
La gloire, la grandeur, la beauté, la jeuneſſe,
Tous les biens comblent vos deſirs.

SIDONIE.

Vous allumés une fatale flâme
Que vous ne ressentés jamais;
L'Amour n'ôse troubler la paix
Qui regne dans votre âme.

PHÉNICE, & SIDONIE.

Quel sort a plus d'appas!
Et qui peut être heureux, si vous ne l'êtes pas?

PHÉNICE.

Si la guerre aujourd'hui fait craindre ses ravages,
C'est aux bords du Jourdain qu'ils doivent s'arrêter:
Nos tranquilles rivages
N'ont rien à redouter.

SIDONIE.

Les enfers, s'il le faut, prendront pour nous les armes,
Et vous savés leur impôser la loi.

PHÉNICE.

Vos yeux n'ont eu besoin que de leurs propres charmes,
Pour affoiblir le camp de Godefroi.

ENSEMBLE.

Ses plus vaillants guerriers, contre vous sans défense,
Sont tombés en votre puissance.

ARMIDE.

Je ne trïomphe pas du plus vaillant de tous!
Renaud, pour qui ma haîne a tant de vïolence;
L'indomtable Renaud échape à mon couroux.
Tout le camp ennemi pour moi devint ſenſible,
Et lui ſeul toujours invincible,
Fit gloire de me voir d'un œil indifférent.

Il eſt dans l'âge aimable où, ſans effort, on aime...
Non, je ne puis manquer, ſans un dépit extrême,
La conquête d'un cœur ſi ſuperbe & ſi grand.

SIDONIE.

Qu'importe qu'un captif manque à votre victoire?
On en voit dans vos fers aſſés d'autres témoins:
Et pour un eſclave de moins,
Un trïomphe ſi beau perdra peu de ſa gloire.

PHÉNICE.

Pourquoi voulés-vous ſonger
A ce qui peut vous déplaire;
Il eſt plus sûr de ſe venger
Par l'oubli que par la colere.

ARMIDE.

Les enfers ont prédit, cent fois,
Que contre ce guerrier nos armes ſeront vaines;
Et qu'il vaincra nos plus grands rois:

Ah ! qu'il me ſeroit doux de l'accâbler de chaînes,
Et d'arrêter le cours de ſes exploits !

Que je le hais ! que ſon mépris m'outrage !
Qu'il ſera fier d'éviter l'eſclavage
Où je tiens tant d'autres héros !
Inceſſamment ſon importune image,
Malgré-moi, trouble mon repos.

Un ſonge affreux m'inſpire une fureur nouvelle
Contre ce funeſte ennemi :
J'ai cru le voir, j'en ai frémi !
J'ai cru qu'il me frapoit d'une atteinte mortelle.
Je ſuis tombée aux piés de ce cruël vainqueur :
Rien ne fléchiſſoit ſa rigueur ;
Et par un charme inconcevable,
Je me ſentois contrainte à le trouver aimable,
Dans le fatal moment qu'il me perçoit le cœur.

SIDONIE.

Vous troublés-vous d'une image legere
Que le ſommeil produit ?
Le beau jour qui vous luit
Doit diſſiper cette vaine chimere,
Ainſi qu'il a détruit
Les ombres de la nuit.

SCÊNE II.

HIDRAOT, *& sa Suite*, ARMIDE, PHÉNICE, SIDONIE.

HIDRAOT.

ARmide, que le sang qui m'unit avec vous,
Me rend sensible aux soins que l'on prend pour vous plaire!
Que votre trïomphe m'est doux!
Que j'aime à voir briller le beau jour qui l'éclaire!
Je n'aurois plus de vœux à faire,
Si vous choisissiés un époux.
Je vois de près la mort qui me menace;
Et bientôt l'âge qui me glace,
Va m'accâbler sous son pesant fardeau:
C'est le dernier bien où j'aspire
Que de voir votre himen promettre à cet empire
Des rois formés d'un sang si beau!
Sans me plaindre du sort, je cesserai de vivre,
Si ce doux espoir peut me suivre
Dans l'affreuse nuit du tombeau.

ARMIDE.

La chaîne de l'himen m'étonne;
Je crains les plus aimables nœuds.

Ah ! qu'un cœur devient malheureux ;
Quand la liberté l'abandonne !

HIDRAOT.

Pour vous, quand il vous plaît, tout l'enfer eſt armé :
Vous êtes plus ſavante en mon art, que moi-même :
De grands rois à vos piés mettent leur diadême ;
Qui vous voit un moment, eſt, pour-jamais, charmé.
Pouvés-vous mieux goûter votre bonheur extrême
Qu'avec un époux qui vous aime,
Et qui ſoit digne d'être aimé ?

ARMIDE.

Contre mes ennemis, à mon gré, je déchaîne
Le noir empire des enfers ;
L'Amour met des rois dans mes fers,
Je ſuis de mille amants maîtreſſe ſouveraine :
Mais je fais mon plus grand bonheur
D'être maîtreſſe de mon cœur.

HIDRAOT.

Bornés-vous vos deſirs à la gloire cruëlle
Des maux que fait votre beauté ?
Ne ferés-vous jamais votre félicité
Du bonheur d'un amant fidele ?

ARMIDE.

Si je dois m'engager un jour,
Aú-moins vous devés croire
Qu'il faudra que ce ſoit la gloire
Qui livre mon cœur à l'Amour.

Pour devenir mon maître,
Ce n'eſt point aſſés d'être roi :
Ce ſera la valeur qui me fera connoître
Celui qui mérite ma foi :
Le vainqueur de Renaud, ſi quelqu'un le peut être,
Sera digne de moi.

SCÈNE III.

HIDRAOT, ARMIDE, PHÉNICE, SIDONIE.

PEUPLES DE DAMAS.

(Les peuples témoignent, par des danses & par des chants, la joie qu'ils ont de l'avantage que la beauté d'Armide a remporté sur les Chevaliers du camp de Godefroi.)

HIDRAOT.

Armide est encor plus aimable
Qu'elle n'est redoutable :
Que son trïomphe est glorïeux !
Ses charmes les plus forts sont ceux de ses beaux yeux.
Elle n'a pas besoin d'emprunter l'art terrible
Qui sait, quand il lui plaît, faire armer les enfers ;
Sa beauté trouve tout possible :
Nos plus fiers ennemis gémissent dans ses fers.

LE *CHŒUR.*

Armide est encor plus aimable
Qu'elle n'est redoutable :

Que

Que ſon trïomphe eſt glorïeux !
Ses charmes les plus forts ſont ceux de ſes beaux yeux.

(On danſe.)

PHÉNICE, ET LE *CHŒUR.*

Suivons Armide, & chantons ſa victoire,
Tout l'univers retentit de ſa gloire.

PHÉNICE.

Nos ennemis, affoiblis & troublés,
N'étendront plus le progrès de leurs armes ;
Ah, quel bonheur ! nos deſirs ſont comblés,
Sans nous coûter ni de ſang ni de larmes.

SIDONIE.

L'ardent Amour, qui la ſuit en tous lieux,
S'attache aux cœurs qu'elle veut qu'il enflâme ;
Il eſt content de régner dans ſes yeux,
Et n'ôſe encor pâſſer juſqu'à ſon âme.

LE *CHŒUR.*

Suivons Armide, & chantons ſa victoire,
Tout l'univers retentit de ſa gloire.

SIDONIE ET LE *CHŒUR.*

Que la douceur d'un trïomphe eſt extrême,
Quand on n'en doit tout l'honneur qu'à ſoi-même !

PHENICE.

Nous n'avons point fait armer nos ſoldats ;
Sans leur ſecours, Armide eſt trïomphante :
Tout ſon pouvoir eſt dans ſes doux appas ;
Rien n'eſt ſi fort que ſa beauté charmante.

SIDONIE.

La belle Armide a ſu vaincre aiſément
De fiers guerriers, plus craints que le tonnerre ;
Et ſes regards ont, en moins d'un moment,
Donné des loix aux vainqueurs de la terre.

LE *CHŒUR.*

Que la douceur, &c.

(*On danſe.*)

(*Le trïomphe d'*ARMIDE *eſt interrompu par l'arrivée d'*ARONTE, *qui avoit été chargé de la conduite des Chevaliers captifs, & qui revient bleſſé, tenant à la main un tronçon d'épée.*)

SCÊNE IV.

ARONTE, HIDRAOT, ARMIDE, PHÉNICE, SIDONIE: PEUPLES DE DAMAS.

ARONTE.

O Ciel! o diſgrâce cruëlle!
Je conduiſois vos captifs avec ſoin;
J'ai tout tenté pour vous marquer mon zele,
Mon ſang qui coûle en eſt témoin.

ARMIDE.

Mais où ſont mes captifs?

ARONTE.

Un guerrier indomtable
Les a délivrés tous.

ARMIDE, HIDRAOT, & LE CHŒUR.

Un ſeul guerrier! que dites-vous?
Ciel!

ARONTE.

De nos ennemis c'eſt le plus redoutable.
Nos plus vaillants ſoldats ſont tombés ſous ſes coups:
Rien ne peut réſiſter à ſa valeur extrême....

ARMIDE.

O Ciel ! c'eſt Renaud.

ARONTE.

C'eſt lui-même.

ARMIDE, HIDRAOT, & le *Chœur.*

Pourſuivons juſqu'au trépas
L'ennemi qui nous offenſe :
Qu'il n'échappe pas
A notre vengeance.

FIN DU PREMIER ACTE.

ACTE SECOND.

Le Théâtre change, & représente une Campagne, où une riviere forme une Isle agréable.

SCENE PREMIERE.

ARTÉMIDORE, RENAUD.

ARTÉMIDORE.

INVINCIBLE héros, c'est par votre courage
Que j'échappe aux rigueurs d'un funeste esclavage:
Après ce généreux secours,
Puis-je me dispenser de vous suivre toûjours?

RENAUD.

Allés, allés, remplir ma place
Aux lieux d'où mon malheur me chasse.

Le fier Gernand m'a contraint à punir
Sa téméraire audace :
D'une indigne priſon Godefroi me menace,
Et de ſon camp m'oblige à me bannir :
Je m'en éloigne avec contrainte.
Heureux ! ſi j'avois pu conſacrer mes exploits
A délivrer la Cité ſainte,
Qui gémit ſous de dures loix !
Suivés les guerriers, qu'un beau zele
Prèſſe de ſignaler leur valeur & leur foi :
Cherchés une gloire immortelle ;
Je veux dans mon éxil n'envelopper que moi.

ARTÉMIDORE.

Sans vous, que peut-on entreprendre ?
Celui qui vous bannit ne pourra ſe défendre
De ſouhaiter votre retour.
S'il faut que je vous quitte, au-moins ne puis-je apprendre
En quels lieux vous allés choiſir votre ſéjour ?

RENAUD.

Le repos me fait violence,
La ſeule gloire a pour moi des appas :
Je prétends adreſſer mes pas
Où la juſtice & l'innocence
Auront beſoin du ſecours de mon bras.

ARTÉMIDORE.

Fuyés les lieux où regne Armide,
Si vous cherchés à vivre heureux :
Pour le cœur le plus intrépide,
Elle a des charmes dangereux.

C'eſt une ennemie implacable,
Evités ſes reſſentiments.
Puiſſe le Ciel, à mes vœux favorable ;
Vous garantir de ſes enchantements !

RENAUD.

Par une heureuſe indifférence
Mon cœur s'eſt dérobé, ſans peine, à ſa puiſſance ;
Je la vis ſeulement d'un regard curïeux.
Eſt-il plus malaiſé d'éviter ſa vengeance
Que d'échapper au pouvoir de ſes yeux ?

J'aime la liberté, rien n'a pu me contraindre
A m'engager juſqu'à ce jour :
Quand on peut mépriſer les charmes de l'amour,
Quels enchantements peut-on craindre ?

(*Ils ſortent.*)

SCENE II.

ARMIDE, HIDRAOT.

HIDRAOT.

ARrêtons-nous ici : c'eſt dans ce lieu fatal
Que la fureur qui nous anime,
Ordonne à l'empire infernal
De conduire notre victime.

ARMIDE.

Que l'enfer aujourd'hui tarde à ſuivre nos loix !

HIDRAOT.

Pour achever le charme, il faut unir nos voix.

HIDRAOT ET *ARMIDE.*

Eſprits de haîne & de rage,
Démons ! obéiſſés-nous.

Livrés à notre couroux,
L'ennemi qui nous outrage.

Eſprits de haîne & de rage,
Démons ! obéiſſés-nous.

ARMIDE.

Démons affreux, cachés-vous
Sous une agréable image :

Enchantés

Enchantés ce fier courage
Par les charmes les plus doux.

HIDRAOT ET *ARMIDE.*

Esprits de haîne & de rage,
Démons! obéissés-nous,
Livrés à notre couroux
L'ennemi qui nous outrage.

(*ARMIDE apperçoit RENAUD qui s'approche des bords de la riviere.*)

ARMIDE.

Dans le piége fatal notre ennemi s'engage.

HIDRAOT.

Nos soldats sont cachés dans le prochain bocage;
Il faut que sur Renaud ils viennent fondre tous.

ARMIDE.

Cette victime est mon partage;
Laissés-moi l'immoler, laissés-moi l'avantage
De voir ce cœur superbe expirer de mes coups.

(*HIDRAOT & ARMIDE se retirent.*)

(*RENAUD s'arrête pour considerer les bords du fleuve, & quitte une partie de ses armes pour prendre le frais*)

SCÈNE III.

RENAUD, seul.

PLus j'obſerve ces lieux & plus je les admire:
Ce fleuve coûle lentement,
Et s'éloigne, à regret, d'un ſéjour ſi charmant.
Les plus aimables fleurs, & le plus doux zéphire
Parfument l'air qu'on y reſpire.
Non, je ne puis quitter des rivages ſi beaux:
Un ſon harmonïeux ſe mêle au bruit des eaux.
Les oiſeaux enchantés, ſe taiſent, pour l'entendre.
Des charmes du ſommeil j'ai peine à me défendre:
Ce gâſon, cet ombrage frais,
Tout m'invite au repos ſous ce feuillage épais.

(*Il s'endort ſur un gâſon au bord de la riviere.*)

SCÊNE IV.

RENAUD *endormi, une* NAÏADE *qui ſort du fleuve, troupes de* NIMPHES, *de* BERGERS *& de* BERGERES.

LA *NAÏADE.*

AU tems heureux où l'on ſait plaire,
Qu'il eſt doux d'aimer tendrement !

Pourquoi dans les périls, avec empreſſement,
Chercher d'un vain honneur l'éclat imaginaire ?
Pour une trompeuſe chimere
Faut-il quitter un bien charmant ?

Au tems heureux où l'on ſait plaire,
Qu'il eſt doux d'aimer tendrement !

LE *CHŒUR.*

Ah ! quelle erreur, quelle folie
De ne pas jouir de la vie !
C'eſt aux jeux, c'eſt aux amours,
Qu'il faut donner les beaux jours.

(*Les Démons, ſous la figure des* NIMPHES, *des* BERGERS *& des* BERGERES, *enchantent* RENAUD, *& l'enchaînent durant ſon ſommeil avec des guirlandes de fleurs.*)

UNE *BERGERE.*

On s'étonneroit moins que la ſaiſon nouvelle
Revint ſans amener les fleurs & les zéphirs,
Que de voir de nos ans, la ſaiſon la plus belle,
Sans l'amour & ſans les plaiſirs.
Laiſſons au tendre amour la jeuneſſe en partage,
La ſageſſe a ſon tems, il ne vient que trop tôt;
Ce n'eſt pas être ſage,
D'être plus ſage qu'il ne faut.

(*On danſe.*)

[*Le Divertiſſement continue.*]

SCÈNE V.

ARMIDE, RENAUD, *endormi.*

ARMIDE, un poignard à la main.

ENfin, il eſt en ma puiſſance,
Ce fatal ennemi, ce ſuperbe vainqueur!
Le charme du ſommeil le livre à ma vengeance;
Je vais percer ſon invincible cœur.

Par lui tous mes captifs ſont ſortis d'eſclavage;
Qu'il éprouve toute ma rage!

(*ARMIDE va pour frapper RENAUD, & ne peut exécuter le deſſein qu'elle a de lui ôter la vie.*)

Quel trouble me ſaiſit! qui me fait héſiter?
Qu'eſt-ce qu'en ſa faveur la pitié me veut dire?

Frappons... Ciel! qui peut m'arrêter?
Achevons... Je frémis! vengeons-nous... je ſoû-
pire!
Eſt-ce ainſi que je dois me venger aujourd'hui?
Ma colere s'éteint quand j'approche de lui.
Plus je le vois, plus ma fureur eſt vaine;
Mon bras tremblant ſe refuſe à ma haîne.

Ah, quelle crüauté de lui ravir le jour!
A ce jeune héros tout céde sur la terre.
Qui croiroit qu'il fut né seulement pour la guerre?
Il semble être fait pour l'amour.

Ne puis-je me venger à moins qu'il ne périsse?
Hé, ne suffit il pas que l'amour le punisse?
Puisqu'il n'a pu trouver mes yeux assés charmants,
Qu'il m'aime, au-moins, par mes enchantements;
Que, s'il se peut, je le haïsse.

Venés, secondés mes desirs,
Démons! transformés-vous en d'aimables zéphirs.
Je céde à ce vainqueur, la pitié me surmonte;
Cachés ma foiblesse & ma honte
Dans les plus reculés deserts:
Volés; conduisés-nous au bout de l'univers.

(*Les Démons, transformés en Zéphirs, enlevent RENAUD & ARMIDE.*)

FIN DU SECOND ACTE.

ACTE TROISIEME.

Le Théâtre change & repréſente un Déſert.

SCÈNE PREMIERE.

ARMIDE, ſeule.

AH ! ſi la liberté me doit être ravie,
Eſt-ce à toi d'être mon vainqueur ?
Trop funeſte ennemi du bonheur de ma vie,
Faut-il que, malgré-moi, tu regnes dans mon cœur !
Le deſir de ta mort fut ma plus chere envie ;
Comment as-tu changé ma colere en langueur ?
Envain, de mille amants je me voyois ſuivie ;
Aucun n'a fléchi ma rigueur :
Se peut-il que Renaud tienne Armide aſſervie !

Ah! si la liberté me doit être ravie,
Est-ce à toi d'être mon vainqueur?
Trop funeste ennemi du bonheur de ma vie,
Faut-il que malgré-moi, tu regnes dans mon cœur!

SCÈNE II.

ARMIDE, PHÉNICE, SIDONIE.

PHÉNICE.

» QUe ne peut point votre art? la force en est extrême:
» Quel prodige! quel changement!
» Renaud qui fut si fier, vous aime;
» On n'a jamais aimé si tendrement.

SIDONIE.

» Montrés-vous à ses yeux, soyés témoin vous-même,
» Du merveilleux effet de votre enchantement.

ARMIDE.

» L'enfer n'a pas encor rempli mon espérance,
» Il faut qu'un nouveau charme assure ma vengeance.

SIDONIE.

» Sur ces bords séparés du séjour des humains,
» Qui peut arracher de vos mains

» Un

» Un ennemi qui vous adore !
» Vous enchantés Renaud, que craignés-vous encore ?

ARMIDE..

» Hélas ! c'eſt mon cœur que je crains.
» Votre amitié dans mon ſort s'intéreſſe ;
» Je vous ai fait conduire, avec moi, dans ces lieux ;
» Au reſte des mortels je cache ma foibleſſe,
» Je n'en veux rougir qu'à vos yeux.
» De mes plus doux regards Renaud ſut ſe défendre,
» Je ne pus engager ce cœur fier à ſe rendre,
» Il m'échappa, malgré mes ſoins.
» Sous le nom de dépit, l'amour vint me ſurprendre,
» Lorſque je m'en gardois le moins.

» Plus Renaud m'aimera, moins je ſerai tranquille ;
» J'ai réſolu de le haïr.
» Je n'ai tenté jamais rien de ſi difficile ;
» Je crains que, pour forcer mon cœur à m'obéir,
» Tout mon art ne ſoit inutile.

PHÉNICE.

» Que votre art ſeroit beau ! qu'il ſeroit admiré !
» S'il ſavoit garantir des troubles de la vie !
» Heureux qui peut être aſſuré
» De diſpôſer de ſon cœur à ſon gré !
» C'eſt un ſecret digne d'envie ;
» Mais de tous les ſecrets ; c'eſt le plus ignoré.

SIDONIE.

» La haîne est affreuse & barbare ;
» L'amour contraint les cœurs, dont il s'empare,
» A souffrir des maux rigoureux :
» Si votre sort est en votre puissance,
» Faites choix de l'indifférence ;
» Elle assûre un repos heureux.

ARMIDE.

» Non, non, il ne m'est plus possible
» De pâsser de mon trouble, en un état paisible,
» Mon cœur ne se peut plus calmer.
» Renaud m'offense trop, il n'est que trop aimable!
» C'est pour moi désormais un choix indispensable
» De le haïr, ou de l'aimer.

PHÉNICE.

» Vous n'avés pu haïr ce héros invincible,
» Lorsqu'il étoit le plus terrible
» De tous vos ennemis :
» Il vous aime, l'amour l'enchaîne;
» Garderiés-vous mieux votre haîne
» Contre un amant si tendre & si soûmis ?

ARMIDE.

» Il m'aime? quel amour! ma honte s'en augmente.
» Dois-je être aimée ainsi ? puis-je en être contente ?

» C'eſt un vain trïomphe, un faux bien.
» Hélas ! que ſon amour eſt différent du mien !
» J'ai recours aux enfers pour allumer ſa flâme,
» C'eſt l'effort de mon art qui peut tout ſur ſon âme,
» Ma foible beauté n'y peut rien.
» Par ſon propre mérite il ſuſpend ma vengeance ;
» Sans ſecours, ſans effort, même ſans qu'il y penſe,
» Il enchaîne mon cœur d'un trop charmant lien.
» Hélas ! que mon amour eſt différent du ſien !

Quelle vengeance ai-je à prétendre,
Si je le veux aimer toûjours ?
Quoi, céder ſans rien entreprendre ?
Non, il faut appeller la Haîne à mon ſecours.

» L'horreur de ces lieux ſolitaires,
» Par mon art va ſe redoubler.
» Détournés vos regards de mes affreux miſteres,
» Et, ſur-tout, empêchés Renaud de me troubler.

SCÊNE III.

ARMIDE, ſeule.

VEnés, venés, Haîne implacable !
Sortés du gouffre épouvantable,
Où vous faites régner une éternelle horreur :
Sauvés-moi de l'amour, rien n'eſt ſi redoutable :
Contre un ennemi trop aimable,
Rendés-moi mon couroux, rallumés ma fureur.

Venés, venés, Haîne implacable !
Sortés du gouffre épouvantable
Où vous faites régner une éternelle horreur.

(*La* HAINE *ſort des Enfers ; avec ſa ſuite.*)

SCÈNE IV.

ARMIDE, LA HAINE, & *sa Suite.*

LA HAINE.

JE réponds à tes vœux, ta voix s'eſt fait entendre
Juſque dans le fond des enfers.
Pour toi, contre l'Amour, je vais tout entreprendre;
Et quand on veut bien s'en défendre,
On peut ſe garantir de ſes indignes fers.

LA HAINE & ſa Suite.

Plus on connoît l'Amour, & plus on le déteſte:
Détruiſons ſon pouvoir funeſte;
Rompons ſes nœuds, déchirons ſon bandeau,
Brûlons ſes traits, éteignons ſon flambeau!

LE CHŒUR.

Plus on connoît l'Amour, & plus on le déteſte:
Détruiſons ſon pouvoir funeſte;
Rompons ſes nœuds, déchirons ſon bandeau,
Brûlons ſes traits, éteignons ſon flambeau!

(*On danſe.*)

(*La ſuite de la* HAINE *commence l'enchantement qui doit détruire le pouvoir de l'*AMOUR.)

LA HAINE.

Amour, ſors, pour jamais, ſors d'un cœur qui te
chaſſe,
Laiſſe-moi régner en ta place;
Tu fais trop ſouffrir ſous ta loi;
Non, tout l'enfer n'a rien de ſi cruël que toi.

LE CHŒUR.

Amour, ſors, pour jamais, ſors d'un cœur qui te
chaſſe;
Que la Haîne regne en ta place;
Tu fais trop ſouffrir ſous ta loi;
Non, tout l'enfer n'a rien de ſi cruël que toi.

(*On danſe.*)

(*La ſuite de la* HAINE *témoigne qu'elle ſe prépare à triompher de l'*AMOUR.)

LA HAINE.

Sors, ſors du ſein d'Armide, Amour, brîſe ta chaîne.

ARMIDE.

Arrête, arrête, affreuſe Haîne!
Laiſſe-moi ſous les loix d'un ſi charmant vainqueur;
Laiſſe-moi; je renonce à ton ſecours horrible:

LE CHŒUR.

Sors, ſors du ſein d'Armide, Amour, brîſe ta chaîne.

ARMIDE.

Non, non, n'acheve pas; non, il n'eſt pas poſſible
De m'ôter mon amour, ſans m'arracher le cœur!

LA HAINE.

N'implore-tu mon aſſiſtance
Que pour mépriſer ma puiſſance?
Suis l'Amour, puiſque tu le veux,
Infortunée Armide;
Suis l'Amour, qui te guide
Dans un abîme affreux.

LE CHŒUR.

Suis l'Amour, puiſque tu le veux,
Infortunée Armide;
Suis l'Amour qui te guide
Dans un abîme affreux

LA HAINE.

Sur ces bords écartés, c'eſt envain que tu caches
Le héros dont ton cœur s'eſt trop laiſſé toucher:
La gloire à qui tu l'arraches,
Doit bien-tôt te l'arracher:
Malgré tes ſoins, au mépris de tes larmes,
Tu le verras échaper à tes charmes.

LE CHŒUR.

Suis l'Amour, &c.

LA HAINE.

Tu me rappelleras, peut-être, dès ce jour,
Et ton attente ſera vaine;
Je vais te quitter, ſans retour:
Je ne puis te punir d'une plus rude peine,
Que de t'abandonner, pour jamais, à l'Amour.

LE CHŒUR.

Suis l'Amour, &c.

(La HAINE & ſa ſuite s'abîment.)

SCÈNE V.

ARMIDE, ſeule.

OH! ciel, quelle horrible menace;
Je frémis, tout mon ſang ſe glace.
Amour, puiſſant amour, viens calmer mon effroi,
Et prends pitié d'un cœur qui s'abandonne à toi.

(Elle ſort.)

FIN DU TROISIEME ACTE.

ACTE

ACTE QUATRIEME.

SCÈNE PREMIÈRE.

UBALDE, ET LE CHEVALIER DANOIS.

UBALDE, porte un Bouclier de diamant & tient un Sceptre d'or, qui lui ont été donnés par un Magicien, pour dissiper les enchantemens d'ARMIDE, & pour délivrer RENAUD.

Le CHEVALIER DANOIS porte une épée qu'il doit présenter à RENAUD.

(*Une vapeur s'éleve & se répand dans le Désert qui a paru au troisieme Acte. Des monstres paroissent.*)

UBALDE ET LE *CHEVALIER DANOIS.*

NOUS ne trouvons par tout que des gouffres ouverts;

Armide a, dans ces lieux, transporté les enfers.

F

Ah ! que d'objets horribles !
Que de monſtres terribles !

(*Le* CHEVALIER DANOIS *attaque les monſtres :* UBALDE *le retient, & dit, en lui montrant le Sceptre d'or qu'il porte.*)

UBALDE.

Celui qui nous envoie a prévu ce danger,
Et nous a montré l'art de nous en dégager :
Ne craignons point Armide, ni ſes charmes ;
Par ce ſecours, plus puiſſant que nos armes,
Nous en ſerons aiſément garantis.

Laiſſés-nous un libre paſſage,
Monſtres ; allés cacher votre inutile rage
Dans l'abîme profond d'où vous êtes ſortis.

(*Les monſtres ſe retirent, & la vapeur ſe diſſipe ; le déſert diſparoît, & ſe change en une Campagne agréable.*)

LE *CHEVALIER DANOIS.*

Allons chercher Renaud ; le Ciel nous favoriſe
Dans notre pénible entrepriſe.
Ce qui peut flatter nos deſirs,
Doit, à ſon tour, tenter de nous ſurprendre :

C'eſt déſormais du charme des plaiſirs
Que nous aurons à nous défendre.

UBALDE ET LE *CHEVALIER DANOIS.*

Redoublons nos ſoins, gardons-nous
Des périls agréables,
Les enchantements les plus doux
Sont les plus redoutables.

UBALDE.

On voit d'ici le ſéjour enchanté
D'Armide & du héros qu'elle aime.
Dans ce palais Renaud eſt arrêté
Par un charme fatal, dont la force eſt extrême;
C'eſt-là que ce vainqueur, ſi fier, ſi redouté,
Oubliant tout, juſqu'à lui-même,
Eſt réduit à languir, avec indignité,
Dans une molle oiſiveté.

LE *CHEVALIER DANOIS.*

Envain tout l'enfer s'intéreſſe
Dans l'amour, qui ſéduit un cœur ſi gloríeux:
Si, ſur ce bouclier, Renaud tourne les yeux,
Il rougira de ſa foibleſſe;
Et nous l'engagerons à partir de ces lieux.

SCÈNE II.

UBALDE, LE CHEVALIER DANOIS.

Un Démon, ſous la figure de Lucinde, fille Danoiſe, aimée du Chevalier Danois. Démons transformés en Habitants de l'île qu'Armide a choiſie pour y retenir Renaud enchanté.

(*Le divertiſſement commence.*)

LUCINDE.

Voici la charmante retraite
De la félicité parfaite ;
Voici l'heureux ſéjour
Des jeux & de l'Amour.

LE *CHŒUR.*

Voici, &c. (*On danſe.*)

UBALDE, AU CHEVALIER DANOIS.

Allons : qui vous retient encore ?
Allons : c'eſt trop nous arrêter.

LE *CHEVALIER DANOIS.*

Je vois la beauté que j'adore,
C'eſt-elle, je n'en puis douter.

LUCINDE.

Jamais dans ces beaux lieux notre attente n'est vaine,
Le bien que nous cherchons se vient offrir à nous ;
Et pour l'avoir trouvé sans peine,
Nous ne l'en trouvons pas moins doux.

LE *CHŒUR.*

Jamais, *&c.*

LUCINDE parlant au CHEVALIER DANOIS.

Enfin je vois l'amant pour qui mon cœur soûpire,
Je retrouve le bien que j'ai tant souhaité.

LE *CHEVALIER DANOIS.*

Puis-je voir ici la beauté
Qui m'a soumis à son empire.

UBALDE.

Non, ce n'est qu'un charme trompeur
Dont il faut garder votre cœur.

LE *CHEVALIER DANOIS, à* LUCINDE.

Si loin des bords glacés où vous prîtes naissance,
Qui peut vous offrir à mes yeux?

LUCINDE.

Par une magique puissance,
Armide m'a conduite en ces aimables lieux :

Et je vivois dans la douce eſpérance
D'y voir bientôt ce que j'aime le mieux.

UBALDE.

Fuyés, faites-vous violence.

LUCINDE.

Goûtons les doux plaiſirs que, pour nos cœurs fi-
deles,
Dans cet heureux ſéjour l'Amour a préparés.
Le devoir, par des loix cruëlles,
Ne nous a que trop ſéparés.

ULBALDE & le CHEVALIER DANOIS.

Fuyés, faites vous violence.

LE CHEVALIER DANOIS.

L'Amour ne me le permet pas,
Contre de ſi charmans appas
Mon cœur eſt ſans défenſe.

UBALDE.

Eſt-ce-là cette fermeté,
Dont vous vous êtes tant vanté.

LUCINDE & le CHEVALIER DANOIS.

Jouïſſons du bonheur ſuprême
D'aimer, & d'être aimé de même.

Hé ! quel autre bien peut valoir
Le plaiſir de voir ce qu'on aime ?

Hé ! quel plaiſir peut valoir
Le plaiſir de vous voir ?

UBALDE.

Malgré la puiſſance infernale,
Malgré vous-même, il faut vous détromper.
Ce Sceptre d'or peut diſſiper
Une erreur ſi fatale.

(*UBALDE touche LUCINDE avec le Sceptre d'or qu'il tient, & LUCINDE diſparoît auſſi-tôt.*)

SCÈNE III.

LE CHEVALIER DANOIS, UBALDE.

LE CHEVALIER DANOIS.

Je tourne en vain les yeux de toutes parts,
Je ne vois plus cette beauté si chere :
Elle échappe à mes regards,
Comme une vapeur légere.

UBALDE.

Ce que l'amour a de charmant,
N'est qu'une illusion, qui ne laisse après elle
Qu'une honte éternelle.
Ce que l'amour a de charmant,
N'est qu'un funeste enchantement.

LE CHEVALIER DANOIS.

Je vois le danger où s'expose
Un cœur, qui ne fuit pas un charme si puissant ;
Que vous êtes heureux si vous êtes exempt
De foiblesses que l'amour cause !

UBALDE.

Non je n'ai point gardé mon cœur jusqu'à ce jour
Près de l'objet que j'aime, il m'étoit doux de vivre ;
Mais

Mais quand la gloire ordonne de la ſuivre,
Il faut laiſſer gémir l'Amour.
Des charmes les plus forts la raiſon me dégage,
Rien ne nous doit ici retenir davantage;
Profitons des Conſeils que l'on nous a donnés.

SCÈNE IV.

Un Démon ſous la figure de MELISSE, *fille Italienne aimée d'*UBALDE, LE CHEVALIER DANOIS, UBALDE.

MELISSE.

D'Où vient que vous vous détournés
De ces eaux & de cet ombrage?
Goûtés un doux repos, Etrangers fortunés:
Délaſſés-vous ici d'un pénible voyage.
Un favorable ſort vous appelle au partage
Des biens qui nous ſont deſtinés.

UBALDE.

Eſt-ce vous charmante Meliſſe!

MELISSE.

Eſt-ce vous cher Amant? eſt-ce vous que je voi?

UBALDE & MELISSE ensemble.

Au rapport de mes ſens je n'oſe ajoûter foi.
Se peut il qu'en ces lieux l'Amour nous réuniſſe.

MELISSE.

Eſt-ce vous cher Amant ? eſt-ce vous que je voi ?

UBALDE.

Eſt-ce vous charmante Meliſſe ?

LE *CHEVALIER DANOIS.*

Non, ce n'eſt qu'un charme trompeur
Dont il faut garder votre cœur.
Fuyés, faites-vous violence.

MELISSE.

Pourquoi faut-t'il encor m'arracher mon Amant?
Faut-t'il ne nous voir qu'un moment
Après une ſi longue abſence ?
Je ne puis conſentir à votre éloignement ;
Je n'ai que trop ſouffert un ſi cruel tourment,
Et je mourrai s'il recommence.

UBALDE & MELISSE ensemble.

Faut-t'il ne nous voir qu'un moment
Après une ſi longue abſence ?

LE *CHEVALIER DANOIS.*

Eſt-ce-là cette fermeté
Dont vous vous êtes tant vanté !
Sortés de votre erreur la Raiſon vous appelle.

UBALDE.

Ah ! que la Raiſon eſt cruelle !
Si je ſuis abuſé, pourquoi m'en avertir ?
Que mon erreur me paroît belle !
Que je ſerois heureux de n'en jamais ſortir !

LE *CHEVALIER DANOIS.*

J'aurai ſoin, malgré vous, de vous en garantir.

Le CHEVALIER DANOIS *ôte le ſceptre d'or des mains d'*UBALDE, *il en touche* MELISSE, *& la fait diſparoître.*

UBALDE.

Que devient l'objet qui m'enflâme ?
Meliſſe diſparoît ſoudain ?
Ciel ! faut-t'il qu'un fantôme vain,
Cauſe tant de trouble à mon âme ?

LE *CHEVALIER DANOIS.*

Ce que l'amour a de charmant
N'eſt qu'une illuſion qui ne laiſſe après elle
Qu'une honte éternelle.

Ce que l'amour a de charmant
N'eſt qu'un funeſte enchantement.

UBALDE & le CHEVALIER DANOIS.

Ce que l'amour a de charmant
N'eſt qu'un funeſte enchantement.

UBALDE.

D'une nouvelle erreur ſongeons à nous défendre.
Evitons de trompeurs attraits.
Ne nous détournons plus du chemin qu'il faut prendre
Pour arriver à ce Palais.

UBALDE & le CHEVALIER DANOIS.

Fuyons les douceurs dangereuſes
Des illuſions amoureuſes :
On s'égare quand on les ſuit ;
Heureux qui n'en eſt pas ſéduit !

FIN DU QUATRIEME ACTE.

ACTE CINQUIEME.

Le Théâtre change, & représente le Palais enchanté D'*A* R M I D E.

SCÈNE PREMIÈRE.

RENAUD, ARMIDE.

RENAUD, sans armes, paré de guirlandes de fleurs.

ARMIDE, vous m'allés quitter!

ARMIDE.

J'ai besoin des enfers, je vais les consulter;
Mon art veut de la solitude.
L'amour que j'ai pour vous cause l'inquiétude
Dont mon cœur se sent agiter.

RENAUD.

Armide, vous m'allés quitter !

ARMIDE.

Voyés en quels lieux je vous laiſſe.

RENAUD,

Puis-je rien voir que vos appas ?

ARMIDE.

Les plaiſirs vous ſuivront ſans-ceſſe.

RENAUD.

En eſt-il où vous n'êtes pas ?

ARMIDE.

Un noir preſſentiment me trouble & me tourmente,
Il m'annonce un malheur que je veux prévenir ;
Et plus notre bonheur m'enchante,
Plus je crains de le voir finir.

RENAUD.

D'une vaine terreur pouvés-vous être atteinte,
Vous qui faites trembler le ténébreux ſéjour ?

ARMIDE.

Vous m'apprenés à connoître l'amour,
L'amour m'apprend à connoître la crainte.

Vous brûliés pour la gloire avant que de m'aimer,
Vous la cherchiés partout, d'une ardeur ſans égale :
La gloire eſt une rivale
Qui doit toûjours m'allarmer.

RENAUD.

Que j'étois inſenſé de croire
Qu'un vain laurier, donné par la victoire,
De tous les biens fut le plus précieux !
Tout l'éclat dont brille la gloire,
Vaut-il un regard de vos yeux ?

Eſt-il un bien ſi charmant & ſi rare.
Que celui dont l'amour veut combler mon eſpoir ?

ARMIDE.

La ſevere raiſon & le devoir barbare
Sur les héros n'ont que trop de pouvoir.

RENAUD.

J'en ſuis plus amoureux, plus la raiſon m'éclaire.
Vous aimer, belle Armide, eſt mon premier devoir :
Je fais ma gloire de vous plaire;
Et tout mon bonheur de vous voir.

ARMIDE.

Que ſous d'aimables loix mon âme eſt aſſervie !

RENAUD.

Qu'il m'eſt doux de vous voir partager ma langueur !

ARMIDE.

Qu'il m'eſt doux d'enchaîner un ſi fameux vainqueur !

RENAUD.

Que mes fers ſont dignes d'envie !

ENSEMBLE.

Aimons-nous, tout nous y convie.
Ah ! ſi vous aviés la rigueur
De m'ôter votre cœur,
Vous m'ôteriés la vie.

RENAUD.

Non, je perdrai plutôt le jour,
Que d'éteindre ma flâme !

ARMIDE.

Non, rien ne peut changer mon âme !

ENSEMBLE.

Non, je perdrai plutôt le jour,
Que de me dégager d'un ſi charmant amour !
Non, je perdrai plutôt le jour,

Que

Que d'éteindre ma flâme!
Non, rien ne peut changer mon âme!
Non, je perdrai plutôt le jour,
Que de me dégager d'un si charmant amour!

ARMIDE.

Témoin de notre amour extrême,
Vous, qui suivés mes loix dans ce séjour heureux,
Jusques à mon retour, par d'agréables jeux:
Occupés le héros que j'aime.

SCÊNE II.

RENAUD, LES PLAISIRS, AMANTS *fortunés*, & AMANTES *heureuses*, *qui par leurs danses & leurs chants s'efforcent d'occuper agréablement* RENAUD *pendant l'absence d'*ARMIDE.

(*On danse.*)

UN *PLAISIR*, ET LES *CHŒURS.*

LEs Plaisirs ont choisi pour asile
Ce séjour, agréable & tranquille:
Que ces lieux sont charmants,
Pour les heureux amants!

(*On danse.*)

C'eſt l'Amour qui retient dans ſes chaînes,
Mille oiſeaux, qu'en nos bois, nuit & jour on entend:

Si l'Amour ne cauſoit que des peines,
Les oiſeaux amoureux ne chanteroient pas tant.

(*On danſe.*)

Jeunes cœurs, tout vous eſt favorable,
Profités d'un bonheur peu durable :
Dans l'hiver de nos ans, l'amour ne regne plus;
Les beaux jours que l'on perd ſont, pour jamais perdus.

[*On danſe.*]

RENAUD.

Allés, éloignés-vous de moi,
Doux plaiſirs; attendés qu'Armide vous ramene:
Sans la beauté qui me tient ſous ſa loi,
Rien ne me plaît, tout augmente ma peine:

Allés, éloignés-vous de moi,
Doux plaiſirs; attendés qu'Armide vous ramene.

[*Les* PLAISIRS, *les Amants fortunés, & les Amantes heureuſes ſe retirent.*]

SCÈNE III.

RENAUD, UBALDE, LE CHEVALIER DANOIS.

UBALDE.

IL eſt ſeul ; profitons d'un tems ſi précieux.
(*UBALDE préſente le bouclier de diamant aux yeux de RENAUD.*)

RENAUD.

Que vois-je ! quel éclat me vient frapper les yeux ?

UBALDE.

Le Ciel veut vous faire connoître
L'erreur dont vos ſens ſont ſéduits.

RENAUD.

Ciel ! quelle honte de paroître,
Dans l'indigne état où je ſuis !

UBALDE.

Notre Général vous rappelle ;
La victoire vous garde une palme immortelle ;
Tout doit preſſer votre retour.
De cent divers climats, chacun court à la guerre,
Renaud ſeul, au bout de la terre,

Caché dans un charmant séjour,
Veut-il ſuivre un honteux amour ?

RENAUD.

Vains ornements d'une indigne moleſſe,
Ne m'offrés plus vos frivoles attraits :
Reſtes honteux de ma foibleſſe,
Allés, quittés-moi, pour jamais.

(*RENAUD, arrache les guirlandes de fleurs dont il eſt paré. Il reçoit le bouclier de diamant que lui donne* UBALDE ; *& une épée que lui préſente le* CHEVALIER DANOIS.

LE CHEVALIER DANOIS.

Dérobés-vous aux pleurs d'Armide :
C'eſt l'unique danger dont votre âme intrépide
A beſoin de ſe garantir.
Dans ces lieux enchantés la volupté préſide,
Vous n'en ſauriés trop-tôt ſortir.

UBALDE.

Allons, hâtons-nous de partir.

SCÈNE IV.

ARMIDE, RENAUD, UBALDE, LE CHEVALIER DANOIS.

ARMIDE, suivant RENAUD.

RENAUD ! Ciel ! o mortelle peine !
Vous partés, Renaud ! vous partés !
Démons ! suivés ses pas, volés, & l'arrêtés.
Hélas, tout me trahit, & ma puissance est vaine !
Renaud ! Ciel ! o mortelle peine !
Mes cris ne sont pas écoutés !
Vous partés, Renaud ! vous partés !

[*RENAUD s'arrête pour écouter ARMIDE, qui continue de lui parler.*]

Si je ne vous vois plus, croyés-vous que je vive ?
Ai-je pu mériter un si cruël tourment ?
Au-moins, comme ennemi, si ce n'est comme Amant,
Emmenés Armide captive.
J'irai dans les combats, j'irai m'offrir aux coups
Qui seront destinés pour vous :

Renaud, pourvu que je vous ſuive,
Le ſort le plus affreux me paroîtra trop doux.

RENAUD.

Armide, il eſt tems que j'évite
Le péril trop charmant, que je trouve à vous voir.
La gloire veut que je vous quitte,
Elle ordonne à l'amour de céder au devoir.
Si vous ſouffrés, vous pouvés croire
Que je m'éloigne à regret de vos yeux,
Vous régnerés toûjours dans ma mémoire;
Vous ſerés, après la gloire,
Ce que j'aimerai le mieux.

ARMIDE.

Non, jamais de l'amour tu n'as ſenti le charme!
Tu te plais à cauſer de funeſtes malheurs.
Tu m'entends ſoûpirer, tu vois couler mes pleurs,
Sans me rendre un ſoûpir, ſans verſer une larme.
Par les nœuds les plus doux, je te conjure en vain;
Tu ſuis un fier devoir, tu veux qu'il nous ſépare.
Non, non, ton cœur n'a rien d'humain,
Le cœur d'un tigre eſt moins barbare!
Je mourrai ſi tu pars, & tu n'en peux douter;
Ingrat! ſans toi je ne puis vivre.

Mais, après mon trépas, ne crois pas éviter
Mon ombre, obſtinée à te ſuivre :
Tu la verras s'armer contre ton cœur ſans foi ;
Tu la trouveras infléxible,
Comme tu l'as été pour moi ;
Et ſa fureur, s'il eſt poſſible,
Égalera l'amour dont j'ai brûlé pour toi....

Ah ! la lumiere m'eſt ravie !
Barbare, es-tu content ?
Tu jouis, en partant,
Du plaiſir de m'ôter la vie.

[*ARMIDE tombe, & s'évanouit.*]

RENAUD.

Trop malheureuſe Armide, hélas !
Que ton deſtin eſt déplorable !

UBALDE ET LE CHEVALIER DANOIS.

Il faut partir, hâtés vos pas ;
La gloire attend de vous un cœur inébranlable.

RENAUD.

Non, la gloire n'ordonne pas
Qu'un grand cœur ſoit impitoyable.

[*UBALDE* ET LE *CHEVALIER DANOIS*, *emmenant* RENAUD, *malgré lui.*]

Il faut vous arracher aux dangereux appas
D'un objet trop aimable.

RENAUD.

Trop malheureuse Armide, hélas!
Que ton destin est déplorable!

[*Ils sortent.*]

SCENE DERNIERE.

ARMIDE, *seule.*

LE perfide Renaud me fuit !
Tout perfide qu'il est, mon lâche cœur le suit.

Il me laisse mourante, il veut que je périsse.
A regret je revois la clarté qui me luit ;
L'horreur de l'éternelle nuit
Céde à l'horreur de mon suplice.

Le perfide Renaud me fuit !
Tout perfide qu'il est, mon lâche cœur le suit.

Quand le barbare étoit en ma puissance,
Que n'ai-je cru la Haîne & la Vengeance !
Que n'ai-je suivi leurs transports !
Il m'échape, il s'éloigne, il va quitter ces bords ;
Il brave l'enfer & ma rage ;
Il est déjà près du rivage !
Je fais pour m'y traîner d'inutiles efforts.
Traître ! attends... je le tiens.... je tiens son cœur perfide...
Ah ! je l'immole à ma fureur !..

Que dis-je ? ou ſuis-je ? hélas ! infortunée Armide,
Où t'emporte une aveugle erreur ?
L'eſpoir de la vengeance eſt le ſeul qui me reſte.

Fuyés, plaiſirs, fuyés, perdés tous vos attraits.
Démons, détruiſés ce Palais.

Partons ; &, s'il ſe peut, que mon amour funeſte
Demeure enſeveli dans ces lieux pour jamais !

[*Les* DÉMONS *détruiſent le Palais enchanté. ARMIDE part ſur un Char volant.*]

FIN.

APPROBATION.

J'AI lu, par ordre de Monſeigneur le Garde des Sceaux, une réimpreſſion de l'Opéra d'*ARMIDE*.

A Paris, ce 24 Août 1777.

BRET.

www.ingramcontent.com/pod-product-compliance
Ingram Content Group UK Ltd.
Pitfield, Milton Keynes, MK11 3LW, UK
UKHW031945260826
14628UKWH00004B/1852

9 782329 456775